Cántame al Dormir

Gilraen Eärfalas

CÁNTAME AL DORMIR
© 2023 Gilraen Eärfalas
Corrección: Andrea Herrera
Diagramación interior: Daniel Barrios

Contacto: gilraenearfalas@gmail.com

Índice

Parasomnias: 45

Aphantasia: 99

Nefelibata: 127

Si al dormir me ves sonriendo,
no me despiertes,
cántame.

Y si le preguntan:
¿De qué son esas **heridas** en tus manos?",
aquél responderá:
"Son las heridas que me hicieron
en casa de mis **amigos**".

Zacarías 13:6

Dormir es mi salida de emergencia, un viaje a lomos de una ballena que nada por el espacio mientras buscamos un planeta con piso de arena para escribir en su suelo y con los dedos, un cuento sobre una niña a la que amaron desde su nacimiento, que no aprendió a caminar antes del año porque nadie la cargaba, su primera palabra no fue ayuda sino mamá. Las excoriaciones en su espalda fueron por resbalarse al correr bajo la lluvia, y no porque la hubieran golpeado bajo la excusa de que: lo hago por amor. Conoció las galaxias en los libros y no en sus muslos tras un puño y un castigo. Nunca la obligaron a mentir cuando le preguntaban por sus heridas, tenía amigos reales y no personajes que creó mientras jugaba a reescribir su vida. La llaman valiente por no tener miedo a la muerte, y no por hacer el esfuerzo de vivir incluso cuando le duelen partes que la medicina dice que no existen. Prefiere no hablar porque ama el silencio; y no porque años atrás se rompió la garganta por gritar un perdón aun cuando nadie se disculpó. Cierra los ojos para descansar y nunca para huir. Tiene pesadillas y despierta sintiendo alivio porque, menos mal, fue un sueño y no un recuerdo.

Pero es solo eso, *un cuento.*

Dysania:

[Dy-sa-ni-a]

Dificultad para despertar y salir de la cama.

I

Mi muñeca está dormida,
y no sé si despertarla,
¿con qué coraje resucitas a un ángel
al que le amputaron las alas?

Mi muñeca no se mueve,
no sé qué le sucede,
su piel está muy fría,
pero todavía respira,
aunque su pulso no se siente.

Hablo quedito,
su rostro está tranquilo,
quizás en ese sueño está riendo
quizás en ese sueño está volando,
quizás en ese sueño habita el olvido.

¿Seguirá aquí o ya se habrá ido?
¿Cómo se enciende una estrella
que se apagó en su llanto?

El cielo está de luto,
el infierno le ganó una batalla,
mi muñeca está dormida
y no puedo despertarla.

Le canto por las noches
le imploro que regrese, que la necesito,
que me perdone por no saber cuidarla,
yo la vi fuerte,
pero no contaba con que el mundo
no soporta tanta magia.

Mi muñeca está dormida,
mi muñeca se siente fría,
la lanzaron a Sodoma sin armadura
y salió viva,
pero ahora no sé cómo pedirle que viva.

II

Cuando era niña, soñaba con que Peter Pan viniese por mí. Salía al balcón a mirar el cielo, esperando ver algún destello, una señal de que existe. Rogaba que me llevara a su mundo, para que mis padres dejaran de discutir, que quién se va, que quién me lleva, convenciéndose el uno al otro del por qué no pueden.

Estaba cansada de escuchar esa voz en la madrugada que me orillaba a lanzarme por la ventaba con la propuesta de que así se acabarían los problemas.

Cada noche repetía que creía en las hadas, esperando que campanita se apiadara a venir, pues te juro que yo deseaba vivir, y, quizás en la segunda estrella a la derecha, directo al amanecer, estaba el sitio para mí. Por fin dejaría de arrancarme las pestañas para desear crecer, escogería un nuevo nombre, practicaría una sonrisa. Y, tal vez, después de un tiempo, regresaría, solo para asegurarme de que sí se olvidaron de mí, para por fin ser feliz.

Aún te espero, Peter.

III

No es pesadilla,
si cuando despierto,
sigo sangrando.

IV

Si preguntan en la escuela
diré que fue el gato,
se pasó de copas en los tejados,
perdió una apuesta
y yo pagué su enojo.

Diré que fue la bicicleta,
pedaleé muy fuerte,
desobedecieron los frenos,
iba a estamparme
y preferí lanzarme,
volé,
rodé,
y ahora los hombros supuran de agonía.

O quizás mis pies se hicieron nudos,
confundí el derecho con el izquierdo,
mi barbilla extrañaba la acera
y quiso preguntarle sobre su día más de cerca.

Inventaré una historia,
sí,
mi oportunidad para decirles a todos
que luché con un monstruo en mar abierto,
fui pirata y conquisté el océano,
algo diré…
algo pensaré…
que nadie sepa
que nadie se entere
que fue el hombre que duerme con mi madre.

V

«Claro que lo quiero», dices,
pero yo te pregunté que si lo amabas.
Él sí nos ama, me respondes sin mirarme a la cara.

Escuchas que abren la puerta
y tus manos se entorpecen,
las piernas te tiemblan,
le tienes miedo,
pero insistes en que nos cuida.
Específicamente,
¿de quién nos cuida...
                    mamá?

VI

Ojalá yo no hubiera nacido,
así no hubieras tenido excusa para quedarte con él.

Sin mi existencia,
serías libre,
la enfermera que siempre quisiste,
conservarías tu apellido y tu sonrisa,
ya hubieras tomado tu primer vuelo,
conocido otro país,
te hubieras podido enamorar.

Si yo no estuviera,
si por mí no te hubieras quedado,
no te hubieras amputado las alas,
no te hubieras acostumbrado a la jaula,
no habrías tenido que fingir
para que una niña pensara
que tiene una mamá feliz.

VII

—¿Qué te han hecho? —inquirió mientras me ponía una muñeca entre las manos—, ¿puedes señalarme con el dedo dónde ha sido?
—No puedo.
—Es solo una muñeca, no pasa nada, a ella no le duele.

«Lo intenté, pero ni siquiera un pedazo de trapo se lo merece».

VIII

Mi cuerpo sin curvas exhalando sudor infantil.
La inocencia de mi sonrisa.
La miel de mis manos.
La leche de mis dientes.
La mermelada de mis comisuras.
Mis piernitas rápidas y torpes.
Mi credulidad ante tus amenazas.

¿Eso te atrajo de mí?

Era una niña con coronas de fantasía,
en vestidos de olanes
y rebelde para los calcetines,
no había sensualidad,
no había perversión,
no entendía qué hacías conmigo,
no me movía,
eso no significaba que yo quería,
fui una esclava
adiestrada para actuar como mujer

¿Ese era tu placer?

Sesenta segundos de tu gloria,
sesenta segundos que no puedo arrancarme,
sesenta segundos que se repiten a diario,
aunque han pasado veintiséis años.

IX

Sí.
Tú puedes reír, triunfar,
ir a mil sitios, navegar en cielo,
mar o tierra sintiéndote el rey del mundo entero,
ganar riquezas,
alzar el cuello ante los imponentes títulos,
mientras yo...
yo puedo hacer lo mismo,
pero sintiéndome templo profano.

X

Ni el diablo pudo verme a la cara sin llorar.

XI

Me culpo por quererte,
por inventarte,
tú que sin mi imaginación no eras nadie.

Me culpo por quererte,
me culpo por creerte,
tú hablabas de cuidarme,
no lo hacías,
pero con tus palabras me sentía protegida.
Tú hablabas de amarme, no lo hacías,
pero con tus palabras me sentía amada.

Me culpo por conocerte,
por acceder a ti.

Yo tan pequeña, tan tonta,
ilusa e ingenua.
Tú tan grande, tan maduro,
perverso e infame.
Viste en mí a esa pequeña gacela deslumbrada

ante la luz de una lámpara a mitad de la noche,
pasmada ante el golpe de tu disparo,
cayendo en las garras de tu trampa
revestida de las palabras
que supiste que quería escuchar.
Yo no tenía a nadie,
lo sabías sin siquiera indagarlo,
se me notaba en esa desesperada
búsqueda de ti.

Yo era lo que no sabías que buscabas, ¿verdad?
Yo te hice sentir lo que en más de tres décadas
nadie te había causado, ¿verdad?
Porque yo era tan hermosa y tan dulce,
como un caramelo reluciente;
y tú muriéndote de hambre
como animal en cautiverio sin presupuesto.

Me culpo por quererte,
me culpo por creerte,
por pensar que sería una cita de café,
donde seguramente me preguntarías
si me gusta el amarillo
o el rosa,
si prefiero las peonias o los girasoles,

el mar o el bosque,
los besos o los abrazos.

Tonta yo, que me puse un vestido a rayas
porque era lo mejor de mi guardarropa.
Tonta yo que usé los tacones más altos
para que te alcanzaran mis brazos.
Tonta yo que nunca pensé que tendría que correr.
Tonta yo que pinté mis labios de rojo cereza.
Tonta yo que solté mi cabello.
Tonta yo que usé ese perfume con notas de fresa.
Yo era un banquete para las bestias.

¿Dónde estaba aquel café?
¿Dónde estaba aquel hombre
que me miraba con dulzura?
¿Quién era el que conducía el volante?

"Cierra los ojos, cierra los ojos, es una sorpresa".

Una parte de mí quería correr,
la otra aún te quería creer,
porque no podías dañarme.
Tú no lo harías.
Tú... me querías, ¿verdad?

Dejé de reconocer las avenidas,
mi corazón latía de prisa...
"No temas, no temas".

Me culpo por creerte.

En medio de la nada
cuando el sol se metía entre las montañas,
un rayo besó mis ojos,
un pequeño calor bailarín me erizó la piel.

Quería gritar,
pero era tarde,
yo tenía la voz ahogada en algún abismo,
con el corazón corriendo
el maratón más largo de su vida,
con el miedo haciendo fiesta en todo mi cuerpo.

Me tomaste como si fueras un león embravecido,
me golpeaste como si yo pudiera herirte
cuando mis brazos eran tan escuálidos
como para perder batallas ante un gusano.

Me sujetaste como si fuera a escapar,
no tenía a dónde ir.

Me mordiste.
Me lastimaste.
Estallaste mis cristales
y robaste todo lo que guardaba entre cerrojos.

Fui un sitio de derrumbe y desolación,
Hiroshima y Nagasaki fueron mis pechos destruidos.
Las torres del 11 de septiembre
fueron mis muslos lacerados.
Mi paraíso era un huerto marchito.

Dejé de pertenecerme,
ya no pude encontrarme,
yo morí en tus pezuñas,
míralas y seguro que me encuentras.

Sigo sin reconocer mis propios dedos,
no puedo volver a sentir caricias,
no puedo comer sin sentir náuseas,
no puedo bañarme y sentirme limpia,
no puedo usar ese vestido a rayas,
no puedo ponerme esos tacones,
no puedo sentirme feliz de ser mujer,
no puedo confiar porque a te creí
y me mataste.

Sigo con vida
y ese es el peor asesinato de la historia.

Te fuiste, pero sigues en mi cabeza.
Vuelves en forma de pesadilla,
en siete de cada diez te presentas a humillarme,
a jurar que acabarás conmigo,
con los pocos brotes que sobrevivieron la avalancha.
En siete de cada diez sueños
vuelves a lanzarme por el abismo,
tres de cada diez sigo buscándome en ese abismo,
gritándole a ese cuerpo que resista,
que iré por él en cuanto deje de bañarme con lejía.
No sé si sigas vivo,
no sé si puedas dormir o verte al espejo.
Yo ya no puedo.

Día a día lucho por reconstruirme,
por buscar las piezas que perdí en las calles,
pero siempre estás tú,
no puedo volver a querer porque regresas,
nadie puede tocarme...
porque se convierten en tus manos,
nadie puede mirarme porque son tus ojos,
nadie puede amarme porque ya no le creo.

No puedo ponerme la mano en el pecho
porque hasta de mis manos tengo miedo.

Soy ruinas,
pero fui imperio.

Arrancaste las flores,
pero no la raíz
—*volveré a florecer.*

XII

Yo sé que no fue mi culpa,
pero el maldito **hubiera**
no me deja levantarme.

XIII

No eran niños,
eran un virus encubierto,
una bacteria come carne,
un tumor agresivo.

Actuaron a conciencia,
estudiantes terroristas,
entrenados para aniquilar.

Desgarraron mis entrañas,
vomitaron mis llagas,
me culparon de su homicidio
y estiraron sus dedos bañados en mi sangre,
los jueces le dictaron sentencia a mi
                    cadáver.
Mi alma destruida deambulará
por las aulas de clase,
en el eco de los gritos que pedían piedad,
y en el perdón que pronuncié
cuando cortaron mi garganta.

Menos de una decena de verdugos,
cientos de cobardes espectadores,
todos igual de culpables;
me vieron morir
y se cortaron la lengua para no confesar.

—*Bullying escolar.*

XIV

¿Estoy bien?
          Estoy bien
parezco cansada,
estoy cansada,
he dormido toda la semana
y sigo bostezando.

Las brujas cantan en la hoguera de mis pensamientos,
los demonios braman por la ventana,
sedientos, hambrientos de mis recuerdos,
acechan como hienas,
se ríen de mi pasado,
lo tejen en mi presente,
me resbalo con los hilos sueltos,
me quiebro en versos.

Me quedo en casa,
      pero estoy bien,
            siempre estoy bien.

—No me creas, por favor, no me creas.

XV

Cuando estamos ante una situación
de inminente peligro,
por inercia, cerramos los ojos
—*tal vez por ello me rehúso a despertar.*

XVI

¿No era suficiente?
                    Nunca para ellos.

Sangre de mi sangre,
poniéndome una medida que no alcanzo.
Un peso que no logro.
Una ropa que no lleno.
Soñaba con injertarme hueso en las rodillas.
Comía y comía
para que me quedara un sostén copa B,
y ser como ella,
o como aquella,
para dejar de parecerme a mí.

Sangre de mi sangre
¿por qué me pisas los pies y me pides correr?
Resoplan en mi frente murmullos infernales,
me comparan con ella, con aquella, con todas.
Crearon en mí un ser hambriento de perfección.
Me sobreexijo de manera enferma.

Me castigo ante cada equivocación.
He canjeado mi vida por la producción.
No descanso.
No duermo.
Cierro los ojos y los veo
comparándome con ella, con aquella, con todas.
Somos yeguas de concurso.

¿Quién parirá los becerros más fuertes?
¿Quién se mantendrá hermosa
después de amamantar a sus crías?
¿Quién les hará ganar el botín de la carrera?

—*Yo no, me rindo.*

Parasomnias:

[Pa-ra-som-nias]

Son comportamientos inusuales que ocurren justo antes de dormirse, durante el sueño o al despertar. Se caracteriza por la aparición súbita de episodios de llanto o grito inesperados, con una expresión facial de miedo o terror intensos.

XVII

Cuánto he llorado
cada vez que me veo en una fotografía,
pues sé que soy yo,
pero ojalá no fuera así.

—*Dismorfia corporal.*

XVIII

Estoy harta de ser la fuerte,
de que nadie cuide sus palabras conmigo
porque parece que nada me hiere.

Mi familia me ha puesto en la espalda,
sus frustraciones, fantasmas, culpas y miedos,
porque a mí nada me duele.

Tras el abuso, no lloré.
Tras el abandono de papá, no lloré.
Tras la humillación de la abuela, no lloré.
Porque soy fuerte... dicen.
«Ojalá tuviera tu coraza», dicen.

Soy una farsante ¿no lo ven?
Una mujer de piedra
con interior de arena movediza,
que se retuerce y se hunde.

No aguanto el aire,
me estoy ahogando.

No tengo fuerzas,
mi estómago está lleno de lágrimas
que me tragué en embudo.

Mi pecho está marchito,
me estoy quebrando
con el ligero roce de una caricia;
nunca hubo acero ni hierro.

Dejen de pisarme.
¡Déjenme!
¡Cállense!
Miren lo que han hecho.

Una niña llora y pide auxilio en esa habitación,
unos dedos la tocan y se suicidan sus sueños.
Una niña llora tras la puerta
viendo a papá con la maleta,
ya no regresará a verla.
Una niña se cubre los oídos repitiendo:
no soy una puta, no soy una puta.
Una niña se rasguña las clavículas
mientras le pide a Dios que la ayude a perdonar.

Tengo veintiséis años

y el alma de una niña de seis,
que pide auxilio sin saber a quién.

Tengo veintiséis años
y un corazón de diez,
que mira a su padre como héroe
a pesar de que huye y no sabe si va a volver.

Tengo veintiséis años
y una piel de dieciséis,
que con tatuajes exige:
Quítame los dedos de encima.
No volverá a suceder.

Tengo veintiséis años
y me duelen los pies de tanto correr,
me sangran los oídos por las voces
que mi mente no puede silenciar.

Tengo veintiséis años
y la garganta destrozada de gritar,
nadie ha querido escucharme,
nadie va a defenderme,
porque dicen que yo,
siempre he sido la fuerte.

XIX

He dicho **estoy ocupada**
porque es más fácil eso que explicarles
que hoy me cuesta respirar,
que ya conté hasta diez cientos de veces
y no llega la calma,
ya cerré los ojos toda la noche
y no he conseguido dormir
desde la semana pasada.

Mis pies están inquietos,
mis dedos tiemblan
y mi cabeza tiene decenas de conversaciones,
en ninguna participo yo.

He dicho estoy ocupada
para no tener que explicar
por qué estoy tan distraída,
   por qué no hablo,
    por qué no río,
     por qué no bailo,
       por qué no como,

por qué solo estoy mirando a un punto.
Que no estoy enfadada,
que no estoy triste,
¿Que no pasa nada?
Pues pasa todo,
hay manifestaciones no pacíficas
bloqueando lo que pienso
con lo que hablo,
millones de rinocerontes juegan la carrera
más importante de su vida por toda mi espalda,
no quiero ruido,
no quiero vestirme,
me estoy cubriendo los oídos,
aunque hay silencio.

Estoy ocupada, no puedo salir de casa.
Es mejor decir eso que decir:
estoy tratando de no naufragar
  en medio de una tormenta.
    En mi casa,
      En mi cuarto,
       En mi cama,
         En mi cuerpo.

XX

Ojalá me hubieras cuidado el corazón
en cuanto viste lo que el mundo hacía conmigo.

No me digas que no te dabas cuenta,
no me digas que tú lo pasaste peor,
no me digas que no eran heridas profundas,
no me digas que creías que lo iba a olvidar.

Te necesitaba,
vine de ti,
crecí en ti,
me formé en ti,
¿dónde estabas?

Llegabas a la medianoche a untarme ungüento
como si eso reparara lo interno;
la piel era lo de menos.

¿Cómo me curo?
¿Cómo saco a las voces de mi cabeza?
¿Cómo dejo de creerles?
¿Cómo se quita la saliva ajena de mi boca?

Quiero volver a dormir con la luz apagada,
quiero encontrarme,
necesito sanarme,
pero me lastimo en todos los intentos.

—Ojalá me hubieras protegido el corazón.

XXI

Dijiste que estos golpes eran por amor,
y que el color purpúreo de los hematomas
eran las galaxias que formaron tus manos
para recordarme por dónde no caminar.

No me abrazabas porque me mimarías,
no había besos porque me debilitarían,
mano dura, bozal y castigo
animal domesticado que procura no fallar
por miedo al látigo.
¿Qué hay de malo si caigo?
Hay errores que nos enseñan
y este error que cometiste
lejos de dirigirme
casi me quita la vida.

Me gritabas para que escuchara mejor,
me mirabas con desdén para que entendiera mejor,
me cortaste la lengua porque
calladita me veía mejor.

Todo lo hacías por amor
Me ponías el pie encima
para que aprendiera humildad,
tenía que recordar lo que soy
y de dónde vengo,
que no soy tan buena
ni tan guapa,
o tan inteligente,
esfuerzo inútil el tratar de complacerte.

Salí de casa sin armadura
y busqué amor,
pero todo lo que sé de amor lo aprendí en casa
y se parece mucho al dolor.

Le creí a aquel hombre que se parecía mucho a ti,
con las mismas creencias,
con las mismas ganas de protegerme y corregirme,
con el mismo amor condicionante y lacerante,
le creí porque
¿cómo iba a mentirme el primer hombre
que me tuvo entre sus brazos?

Te creí, le creí
y casi pierdo la vida.

Creí que el amor era esta mentira,
pero las mentiras pueden salir hasta de ti,
papá.

—*Tú me enseñaste.*

XXII

Me da miedo que te mueras,
que me llamen y me digan que te has ido.

No iré a tu entierro,
no te ofendas,
no quiero verte sin vida,
porque ahí,
en el féretro,
irá la única esperanza
que tenía de tener un papá.
Sin ti respirando,
se acaban mis oraciones,
y ya me acostumbré a pedirle a Dios por ti.

Te amo,
todavía te espero,
y este amor no tiene nada que ver contigo,
sino conmigo,
con mi sueño de sentir que tengo familia.

—¿Por qué nunca pudiste quererme?

XXIII

En medio de la mesa,
un pastel,
catorce velas,
doce asientos en silencio,
cubiertos y gorros de fiesta,
pirotecnia de pensamientos
diciéndome que estoy bien,
que hoy no me estoy quebrando
y mañana pretenderé que no pasó un año.

Susurro una canción de cumpleaños,
tengo que apagar las velas,
todos gritan que pida un deseo
mientras yo me cuestiono
el porqué tengo que ser la chica más rara,
la chica más triste,
y a la que nadie le habla,
pero de la que todos hablan.
La que escribe tratando de llenar algo
y lee para vivir otras vidas

que no sean la de ella misma.
Doce invitaciones,
doce asientos,
el reloj marcando las 8:00 pm.,
las luces apagadas,
la canción ya terminó,
las voces de mi cabeza se ríen de mí,
las velas se consumieron,
un único aplauso suena en la sala,
el mío.

Nadie vino.

—*Deseo que algún día haya alguien más a parte de mí.*

XXIV

No puedo ver quién soy
porque los escucho a ustedes,
aunque ni siquiera estén cerca.

Si el infierno tiene voces,
son las suyas,
porque cuando hablan,
las llamas se encienden en mis hemisferios.
Se retuerce mi pecho y mis entrañas,
                    huir... huir...
¿De quién quiero huir?
              ¿de mí o de ustedes?

Quiero huir, esconderme,
hacerme pequeña, no quiero ver,
no quiero oír, no me hagan hablar.

¿A dónde voy?
Quiero huir porque no quiero sentir,
¿por qué no quiero sentir?

                    ¿por qué me aterra sentir?
Me escondo,
viajo y me guardo en un abismo desconocido,
pero aún pueden verme
porque mi cuerpo sigue presente.

Dejo a ese cascarón que haga lo suyo,
el trámite, la reunión, actuar por inercia
(Mira a ese caparazón)
la tortuga no está ahí,
qué miedo y qué tortura saber que un rostro habla,
que un cuerpo camina,
que hace todo normal,
pero no hay nadie allí,
un desconocido,
una piel vacía.
¿Quién se ha quedado a enfrentarlos?
Porque yo no pude,
me desconectaron.

Cuando están ustedes
desencadenan el báratro en la tierra,
un castigo eterno en unos minutos.

¿Cuándo van a callarse?

¿cuándo van a dejarme?
¿cuándo podrán soltarme y dejarme vivir?

Llevo años corriendo,
pero nunca están tan lejos
y nunca puedo estar lo suficiente presente,
soy tantos en una sola,
porque sola nunca pude.

—*Trastorno de despersonalización*

XXV

A todas mis niñas llenas de culpa,
a todas las que juegan a esconderse en mi alma,
a las que les negué la luz
y ahora sus ojos solo ven de noche.

La astronauta que ahora le da miedo el espacio.
La bailarina que ahora padece vértigo.
La cantante con pánico escénico.
La actriz de mala memoria para los libretos,
La médico que teme a las agujas.

A todas mis niñas que lloran,
porque les rompí las piernas
para que no se levantaran;
las secuestré bajo las cuerdas de la cobardía,
le subí el volumen a la música para ahogar sus gritos,
las alimenté de falsas promesas
para que no quedaran en los huesos.

A manera de protesta me ahogan desde dentro,

secuestran mis latidos,
asfixian mis arterias
ordenan a mi sistema inmunológico
reaccionar con guerra
al acercarme a las flores para llorar de alergia
para que recuerde que pude ser como ellas.

En defensa las he encerrado en una celda,
les cubrí los ojos, las manos y la boca,
pero los ruidos del llanto sobrepasan
los labios cerrados.
Me tragué las llaves para abstenerme de liberarlas.
Ya es tarde,
ya no serán,
ya no quiero mirarlas,
ya no quiero recordar todo lo que nunca pude ser.

—*perdón por no creer en ustedes.*

XXVI

El silencio en una habitación
dice cosas que no quiero escuchar.

Quiero correr,
pero no sé a dónde,
siempre te encuentro.

Quiero cubrirme los ojos,
pero incluso cerrándolos
sigo viendo.

Quiero taparme los oídos,
pero me hablas desde dentro.

Quiero esconderme,
pero no existe lugar donde pueda huir de mí.

Vivo en una pelea constante
en la que no quiero dañarme,
pero soy el único enemigo.

¿Mi delito?
Ser adicta a pensar.
Mi cabeza es la fiesta
a la que me rehusé a asistir,
no hay salida de emergencia,
no hay botón de apagado,
estoy al medio,
soy un ovillo con el que se tropiezan los monstruos.

Me dicen que debo mantener
mi mente ocupada...
funciona,
pero ¿qué hago cuando cae la noche?
Tendré que volver a la cama,
cerrar los ojos,
y en el silencio volverá a atacar.

Es un círculo vicioso
donde tengo miedo de tener miedo.

—*Ansiedad*

XXVII

Ya no recuerdo mi verdadero rostro,
en el espejo siempre hay alguien diferente.

XXVIII

No trates de entenderme,
no vas a poder,
apenas y yo puedo hacerlo.

No sé qué me sucede,
solo sé que tengo miedo,
y no preguntes a qué,
porque ni siquiera yo lo sé.

Solo abrázame,
dime qué estarás aquí,
cuéntame algo bueno,
de cuando eras pequeño.

Dime algo feliz,
sobre la última vez que lloraste de risa,
un cuento también me sirve.

Cántame la canción que te cantaba tu madre,
déjame estar en tus brazos,

no me cuestiones,
no te preocupes por secar mis lágrimas,
vas a cansarte.

Solo quédate conmigo,
no me tengas compasión,
no me mires con angustia,
sé que pasará,
ya he salido de esto,
en este momento
es el único donde puedo ser fuerte.

Lo que siento aquí dentro
lo compararía con el peor desastre de la historia,
se agrieta mi alma
se me desbaratan las costuras,
siento que alguien vendrá por mí,
no sé quién,
no sé cuándo,
ni dónde.

Todo me preocupa,
mi cabeza sufre lo más parecido a miles de misiles
cayendo al mismo tiempo.
Millones de pensamientos intrusos

queriendo hablar al unísono.
No hago esto a propósito,
no estoy así porque quiero,
también yo quisiera escapar.

Por favor,
solo cuéntame algo bueno,

—algo que me haga sentir que vale la pena seguir aquí.

XXIX

No podemos seguir así,
no podemos discutir cada vez que nos vemos,
estoy cansada de que me señales nuevos defectos,
que día a día inventes una nueva cosa que odias,
debería alejarme,
pero cada mañana tengo que volver
así no quiera.

Te evito la mayor parte del tiempo,
pero es imposible,
siempre hay algo que te muestre,
siempre te cuelas en algún sitio.

Ojalá te borraras para siempre,
ojalá algo acabe contigo,
pero decirte un adiós definitivo...
acabaría para siempre conmigo.

—*A mi espejo.*

XXX

La depresión también sabe de supervivencia,
ha aprendido el arte del camuflaje,
apoderarse de ti pasando desaparecida,
sabe más que tú de maquillaje,
sabe más que tú de disfraces,
y sabe más que político el arte de mentir.

Se colorea una sonrisa,
difumina bien las lágrimas de anoche,
no deja visibles las heridas
y limpia bien los rastros de sangre.
Sabe de ciencia forense,
deja en duda si es suicidio u homicidio.

En las fotos de ayer reía,
en las de hoy cuelga en una habitación vacía.

Hace que culpen a todos del crimen
y entre risas se escabulle buscando otra víctima.

Sabe de teatro,
ríe tan bonito,
habla tan fluido,
tiene en el perchero más de cien máscaras,
guiones de pretextos al por mayor,
el problema es cuando se baja el telón,
cuando rompe la careta y de paso sus venas.

La depresión es estudiante de cirugía,
loca apasionada que guarda hojas de bisturí
en la recámara,
sus incisiones las practica en los brazos,
las piernas, en el abdomen,
y cuando se siente preparada
lo intenta en la carótida.

La depresión tiene humildad,
visita a todos,
hombres,
mujeres,
ricos,
pobres,
niños,
ancianos,
le da igual.

Les invita un café,
les dice que ella es la salida,
que como ella ninguna los entiende.
Se mete como canción de cuna al oído
con el único propósito de hacer
que se te cierren los ojos.
Tiene sucursales en cada continente,
me atrevo a decir que,
si en Marte hay vida,
seguro que allá tampoco se le escapan.

La depresión tiene rostro,
se parece mucho a una persona con sonrisa.

XXXI

Me quise quitar la vida en tres ocasiones,
la soga,
las píldoras,
el bisturí,
tres veces fallé.

Ahora te confieso que yo siempre quise **fallar.**

XXXII

Quería ser bonita,
como las mujeres de los carteles y las pasarelas,
esas a las que todo el mundo ama,
que no se le encuentra falla
a ningún centímetro de su piel.
Ser bonita en un mundo
donde mi estatura no me ayuda,
ni lo pequeñas que son mis piernas,
ni lo grandes de mis pies,
soy un ser de la tierra media,
con orejas enormes,
cabello sin gracia,
lunares y pecas
como a quien le salpica pintura en la cara.

Contaba cuánto me hacía falta
para la cirugía de nariz,
dejar de parecer un agaporni de perfil.
Mis matemáticas de cada noche
al vaciar mis bolsillos,

¿qué haría para conseguirlo?
¿en cuánto tiempo podría hacerlo?

Necesitaba ser bonita;
pero luego me veía al espejo,
y notaba que no solo la nariz estaba mal,
también las mejillas, también los labios,
también los párpados, también la barbilla,
los pechos,
la cintura,
las caderas,
los muslos,
la piel.
Mi presupuesto se había salido de control,
mi cuerpo era un error,
todos los días el mundo se empeña
en recordármelo.

Hay colores que me son prohibidos
por mi tono de piel,
ni amarillo por pálida, ni plata por ser fría.
Hay ropa que me es prohibida,
no olanes por mis caderas,
no mayas por mis piernas,
no escotes por mis hombros.

El ejercicio no me ayuda,
ni la dieta,
ni el maquillaje,
ni el sol.
¿Qué alimento corregirá mis labios
y qué rutina cambiará mis ojos?
¿Cómo broncearme si me quemo?
¿Cómo maquillarse para no existir?

Odio las fotografías,
mucho más las que yo no tomo,
las de perfil, las de cerca,
porque no reconozco a quien está ahí.

Quisiera encerrarme,
cubrirme hasta desaparecer,
no quisiera nunca tener que ser vista,
porque siento,
porque creo que todos me ven,
que todos se ríen
por ser esto.
Me autocastigo
Porque, entre tantos cuerpos,
tuve que nacer en este...
—el más defectuoso de todos.

XXXIII

¿Quién los puso allí?
Estoy segura de que no fui yo.

Creyéndome ambientalista
recogí su basura,
construí mi ciudad con sus desechos,
hice de sus rezos mi dogma,
me puse su marca en la frente,
y repito el credo que me impusieron,
traigo en las manos la etiqueta de mi valor,
me preguntan mi nombre
y el libre albedrío abraza sus grilletes.

Tengo un tocadiscos en mi memoria
reproduciendo música que yo no elegí
¿quién la puso allí?

—*Pensamientos intrusos.*

XXXIV

Simulo ser persona,
observo a los demás.
Cómo hablan.
Cómo se comportan.
Los imito,
quiero pasar desapercibida,
ser su igual,
una mujer que ríe
ante las frases inentendibles de los demás.
Muevo la cabeza afirmando una verdad que no creo,
detengo los movimientos de mis manos,
enderezo los pies e irgo el cuello,
le pongo soga a mi lengua,
pauso mis pensamientos,
me ahogo,
pero soy como ellos.

—*Masking*

XXXV

Mis sueños yacen pidiendo auxilio,
con una bandera en la mano izquierda
y con la derecha cubriéndose el agujero
donde pasó la bala.
Se rehúsan a volver a dormir,
se rehúsan a volver
con quien les disparó.

—Autoatentado.

XXXVI

El calentamiento de mi ira
hirviendo por las palabras no dichas
derritió los icebergs...
y mis ojos subieron su marea.

—Me inundo.

XXXVII

Silencié mi alma
como quien destroza el tocadiscos nuevo
por aturdimiento,
nada pasa,
nadie sabe,
ni yo lo sé.
Mi cabello en un intento de huir de los misiles
que estallan dentro de mi cráneo,
se volvió paracaidista.

—Tricotilomanía

XXXVIII

Soy una impostora,
una máscara en el lugar y sitio correcto,
no soy ella,
no soy la que lees,
no sé quién es.

Se parece a mí,
tiene mi rostro, mi voz, mis letras
y las mismas ojeras,
está en mi espejo,
en el agua y en mis fotografías,
pero te juro que no la conozco.

¿De dónde salió?
Si yo no soy nadie,
no funciono,
t a r t a m u d e o,
cambio palabras por ortas,
mi lengua se tropieza,
subo al escenario y yo soy quien se desnuda,

no vengo de ningún sitio importante,
soy simple,
sin chiste,
una farsa,
una bombilla que confundieron con estrella.

Qué miedo que se den cuenta.

—*Síndrome del impostor*

XXXIX

No estoy vacía,
tengo mucho espacio,
caben los reproches,
la culpa y
las burlas,
las palabras más repetidas durante toda mi vida:
rara, rara, rara,
loca, loca, loca.

¿Soy rara?
¿Estoy loca?

No lo noto.

Me paro al espejo y practico mi guion,
parezco normal,
me esfuerzo, lo juro.
¡No me insulten, hago lo mejor que puedo!

Dios ¿me pusiste en el mundo correcto?

XL

Hay nueve planetas,
quizás soy de Neptuno,
en donde las cuerdas vocales están rígidas por el frío,
no hay palabras que lastimen,
tan frío que los músculos no serán ágiles,
sino lentos, muy lentos,
entonces allí no existen golpes.

¿Perteneceré a una luna?
Podría anidar en un cráter,
he vivido entre trincheras.
Construiré un hogar en el lado oculto,
así nunca seré vista,
amo pasar desapercibida y no me importa la soledad.

Está bien,
no pido estar tan lejos,
ponme en el mar, en la zona abisal,
donde no hay luz que me despierte,
ni sonidos fuertes;

ya intenté vivir sobre tierra lo suficiente,
no puedo seguir poniéndome las máscaras,
fingiendo que no me importa lo que se diga.

Me importa,
soy humana.
¿Soy humana?

—*Buscando mi hogar*

XLI

Lo pensé mejor,
no quiero vivir en ningún planeta,
quiero habitar sobre una ballena,
vagando por el cosmos sin aterrizar,
no quiero conocer personas que abracen y apuñalen,
no quiero más palabras que me hagan sonreír
para después formar mares.

Quiero estar recostada contando las estrellas,
perder la cuenta
y volver a empezar.

No quiero ser alguien,
no quiero conquistar islas galácticas,
ni ponerle mi nombre a ningún astro,
quiero escuchar las melodías de las nebulosas,
de oficio ponerles letras,
sin pago,
no quiero pagos,
quiero vivir flotando,
donde haya manos,
solo las mías sobre mi vientre.

XLII

Y cada vez reía más fuerte
para que nadie escuchara el crujido de mi corazón.

XLIII

Soy el banquete principal de la cena,
acechada por manos hambrientas
a las que les dijeron que es prohibido
tomar algo de la mesa.

Burlan al guardia,
engullen mi carne
y mordisquean mis huesos.

Soy una trampa,
no ceso el hambre,
mi carne no es sagrada,
no quito la sed,
mi sangre no es vino.

¿Qué comeremos ahora?
Lloriquea el pobre,
con mis restos aún cayendo de sus uñas,
en mí no había cura a sus llagas,
ni perdón, ni salvación,

me hicieron moronas
mientras buscaban en mi a Dios.

¿Quién les dijo que la dirección al cielo
es a través del cuerpo de un pecador?
No puedo escucharlos todo el tiempo,
tengo dos oídos y ustedes millones de bocas,
no otorgo olvido, no calmo las tormentas,
no puedo llenar vacíos;
no hay consejos ni palabras de vida.

Soy un desastre.
No tengo derecho,
sigo luchando con mis grilletes,
quita las mandíbulas de mis muslos,
y deja de gruñirme.

Te lo advertí,
no soy un ángel,
ni una deidad
soy como tú.

—*Se te cayó un ídolo*

XLIV

La máquina del tiempo
habita en los lóbulos cerebrales,
cierro los ojos y viajo al pasado,
veo a una niña en el armario;
le pregunto por las laceraciones y culpa al gato,
le pregunto por los hematomas y se culpa a ella,
escucha una voz gritar su nombre y se encoge,
quiere ser buena,
una niña buena,
mi niña, pero si tú ya eres buena.
Le estiro la mano y t e b a,
            i m l
como cervatillo asustado huye de mi caricia.

¡Cirujano, necesito una lobotomía!
De nada me sirve viajar al pasado,
si no puedo cambiarlo.

XLV

Hoy entiendo que solo eras una mujer herida intentando ser mamá.

Hoy entiendo que solo eras un hombre herido que renunció a ser papá.

XLVI

—No vale la pena seguir llorando por él.

—Lo sé, ahora lloro por mí.

XLVII

Sécame el rostro si lloro cuando duermo,
no lo sabré nunca,
pero no me dejes despertar con la cara salada.
Susúrrame al oído un mundo
donde la tormenta no provenga de mis ojos,
pero bajito,
tan bajito que no me despierte.

—*Así se atrapan las pesadillas.*

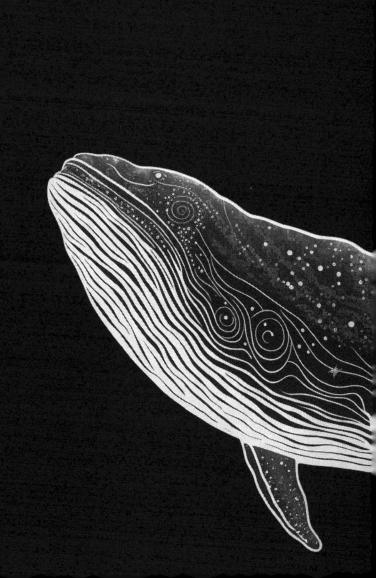

Aphantasia:
[A-fan-ta-sia]

Enfermedad que impide recordar imágenes —no puedes
soñar—.

XLVIII

Mírame a los ojos.
¿Aceptas a esta mujer rota?
No lo pregunto como petición,
sino como advertencia.
Detengo vuelos porque un ala no me sirve.
Camino lento porque me distraigo con facilidad.
Doy vueltas en el mismo sitio,
porque siempre parece ser un lugar nuevo.
Tengo amnesia,
pero mi corazón siempre recuerda.

XLIX

Monstruo de Frankenstein

¿Por qué me persigues?
Estoy solo,
herido,
confundido,
imperfecto,
poco sé de mí, pero quiero caminar.

¿Por qué me detienes?
Sé que soy diferente,
mi apariencia es recia
y tengo cuerdas que sostienen una sonrisa,
mi piel son remiendos de muñecos,
personas y telas mal gastadas,
pero disfruto poner margaritas en mi jarrón.

¿Por qué me odias?
Soy terrible, doy miedo, eso me repites.
Me duele que me señales por no ser como tú,

si yo me hubiera creado,
te juro,
nunca me hubiera hecho así;
pero cierra los ojos,
no mires mi apariencia,
escúchame, ¡por favor!
Mírame como te mirarías a ti después de la guerra.

¿Qué quieren?
En mis bolsillos hay arena y pétalos secos.

No nací en el mismo hogar cálido que tú,
ni tuve una cuna con estrellas en las paredes,
ni me vistieron con ropas suaves,
ni me contaron cuentos de reinos espléndidos,
estuve en un calabozo
donde me dieron sentimientos,
pero no me enseñaron cómo usarlos.

Me advertían de los humanos,
seres hermosos y desdichados.
¿Por qué son tan malos si lo tienen todo?
¿Qué será de mí, entonces, que tengo muy poco?
Si sienten los rayos del sol...
cómo quisiera sentirlos yo.

Su corazón es vivo y rojo
Con datos infinitos para fabricar amor.

¿Qué es el amor?
Todos nacen sabiendo amar,
pero les enseñan a odiar.
¿Por qué me odias?
Escucha mi versión,
si lo hicieras te darías cuenta
que mi voz es marea baja y no ola de destrucción,
que la herida más terrible no fue en una batalla,
me la hizo un amigo.
Hay cosas que no puedo esconder,
son parte de mí,
como la cicatriz en tu frente,
como el lunar de tu espalda.

¿Por qué quieren destruirme?
¿Por qué no soy agradable a la vista?
No tengo lo ojos más bonitos,
ni las manos más tibias,
no sé muchas palabras,
pero quiero aprender a pronunciarlas.

¿Qué es eso que se acerca?

¿Quiénes son ellos?
¿Qué les has dicho?
No me escuchaste.
Por favor, no quiero dañarlos,
no me obligues a hacerlo,
no quiero odiarlos,
no me enseñes esto.
Puedo lastimarlos,
juro que no quiero.

¿Por qué cabe tanto veneno en su sangre sin
intoxicarse?
¿Por qué me clavan lanzas y el malo soy yo?
¿Por qué sus leyes los amparan
y a mí me condenan?

Mi creador no hizo un monstruo,
ustedes sí.

L

No quiero seguir pidiendo perdón por no hablar,
esta soy,
no me comió la lengua el ratón.

No seré nunca más un animal de circo entrenado
para mover los labios con tus chasquidos.

No me quieras enseñar a ser segura ante el público,
olvida las modulaciones de voz para convencer,
hablo despacio y lento,
pienso las palabras y dónde decirlas,
no quiero estar al medio de los tumultos,
no estoy triste por no pertenecer a ningún círculo;
me gusta hablar conmigo,
no soy tímida,
porque ya no tengo miedo al rechazo.

Soy un gato que se acaricia con los muebles
y juega con las ramas;
no trates de cambiarme,

no estoy mal,
y no pienso volver a castigarme.

—*Introversión*

LI

Cancélame por vomitar mis miedos sin dar solución,
lo volveré a hacer.
Detéstame por escupir en tu romanticismo,
tú me culpas de mi poca autoestima,
no sé amarme ¿quién nació sabiendo?
¿Quién se burla de un bebé lactante
por no saber leer?
¿Quién se ríe de un náufrago que después de
sobrevivir le teme al mar?

Bórrame por confesar que soy humana,
por compartir biopsias de mi alma infectada.
No, no lo supero,
No, no lo olvido.
Mi duelo, mi proceso, mi tiempo.

Lo busqué,
no debí, ya lo sé,
le escribí, estuvo mal,
caí.

Cancélame por no ser una roca,
ni inclinarme a tu religión,
¡hipócrita!
Proclamando libertad
y condenando al que no piensa igual.

Quémame en la hoguera
junto a mi bolsa de acumulación obsesiva.

Ríete con tu manada inquisitoria,
su ego sórdido
y un estandarte que promueve el "amor propio",
ese impostor que inválida mi herida dehiscente,
y mis tropiezos con la misma piedra.

Cancélame,
pero baja el dedo que tres ya te señalan,
lánzame más leña,
sigo sin arder.

LII

Si un día alguien quiere amarme,
ojalá abrace mis monstruos antes que mi cuerpo,
acaricie mis miedos antes que mis pechos,
que me haga el amor sin tocarme,
y entienda que necesito una luz encendida,
porque quiero verlo a la cara,
saber que es él y no ellos.

Ojalá sea paciente,
duermo con los zapatos puestos,
la ropa completa,
pero muero por desnudarme
y seguir sintiéndome segura.

Espero agradezca,
que me cercioro dieciséis veces
de que haya cerrado la puerta,
y no se canse si le pregunto
tres veces al día si todo está bien.

No es vital que me quieran,
pero quiero ver unos ojos que me quieran,
una boca que me quiera,
un alguien que mire pasar una estrella fugaz
y no pida nada,
porque tenemos todo,
aunque no tengamos nada.

Me gustaría ser amada,
decir sí, sí quiero
conocer el consentimiento
y que no haya tiempos.

Quiero, necesito no ser mi pasado,
Merezco vivir.
Merezco sentir.
Merezco pertenecer.

Quiero una familia,
la que nunca tuve,
quiero decidirla,
quiero amar,
quiero levantarme,
ojalá alguien me ame.

LIII

Hoy decidí hacerles frente a mis miedos, cansada de darles la vuelta y esconderlos debajo de la alfombra, aparentando que no existen, pero haciendo escándalo debajo de mis pies y sacudiéndome la tierra como epicentro a mis terremotos; los Invité a la cena. Mesa para tres, ansiedad, depresión y yo.

Ansiedad llegó dos horas antes porque temía que se le hiciera tarde. Depresión llegó dos horas después, no sin antes mandarme mensajes con excusas del porqué no podía venir.

Una vez en la mesa, ambas se miraban como si su amistad fuera mucho más vieja que mis años de vida,

—es que son mejores amigas— se llaman una a la otra por las madrugadas preguntándose ¿sigue igual el pasado? ¿cómo va tu futuro incierto? ¿tus ojeras son más oscuras? ¿ahora te comes los dedos porque ya no tienes uñas?

La única extraña en ese encuentro era yo, miraba de izquierda a derecha sin opinar. Reían, me ignoraban, lloraban, murmuraban, pero escuché mi nombre.

Golpeteé la mesa e hice la pregunta más temida: ¿Qué quieren de mí? ¡Confiesen! Hablen ahora qué calladamente ruidosas han estado siempre. Ambas voltearon a verse y se hicieron gestos de desconcierto, retándose a ver quién hablaba primero.

—¡Qué curioso! —dijo Ansiedad, yo pensaba hacerte la misma pregunta. Yo me quiero ir, tú me obligas a volver, me pides respuestas que no tengo y entonces te las invento. Yo te quiero desconocer y tú me nombras como si fuera parte de tu carta de presentación, afirmando mes y hora en que llegué aquí. Me tienes tatuada y me usas de excusa para sentirte mejor por las cosas que dejas pasar por la incertidumbre de si vas a perder. ¡Yo te quiero dejar! Pero te empeñas en pensar cosas que no pasan y me arrastras a ser cuentista de tu vida porque tu presente no te es suficiente.

—A decir verdad, pienso lo mismo —dijo depresión—. Yo quiero dormir, tú me despiertas diciéndome que te recuerde cómo fue que te hirieron hace seis años, yo quiero vivir en el 2015, tú quieres traerme de vuelta en pleno 2023 para que te convenza de que antes sonreías mejor, que antes vivías mejor, que antes eras mejor. Y no es que ahora estés peor, pero tú tienes un problema serio con la comparación ¿y ella por qué no está en la mesa? ¡Es más! ¿por qué no hay un espejo delante de ti? ¿contigo no tienes algo de qué hablar?

—*Autodestrucción*

LIV

Le pido perdón a mi hermano
por haber sido una mala madre,
pero ¿qué sabía yo de maternidad a los ocho años?

Me educaron de maneras inhumanas
como reclusa,
como perro de pelea clandestina,
y repetí el patrón.

Lo amaba,
pero tenía que levantar la mano,
alzarle la voz y usar palabras desconocidas
con consonantes que lastiman.

Tenía que cuidarlo,
era un niño de dos años,
él quería explorar el mundo,
y yo encerrarlo para evitar que se hiciera daño.

Fui la peor de las madres,
una miembro de la santa inquisición,

juro que quería protegerlo,
y con remordimientos vivo hoy.

Dice que me entiende,
que me perdona,
que no fue mi culpa,
hacía lo que podía.
No es cierto...
No es cierto...
yo sabía lo que hacía.

—*ojalá regresara el tiempo.*

LV

Sé que no hay un número para mis cicatrices
y no estoy hablando de las de mi piel.
Son más heridas que años,
y no hablo de mis veintiséis,
porque mi alma anda en bastón
aunque yo pueda correr.

Me gusta hablar de ellas,
porque siempre tengo una historia distinta,
no tienen final feliz,
pero son un cúmulo de libros
que terminan dándole forma a lo que soy,
a lo que ves ahora.

Difícil creer que sigo de pie,
más difícil creer que aún puedo reír,
y, créeme,
si la vida me diera la oportunidad
de volver a empezar,
tallaría centímetro a centímetro cada cicatriz

y escribiría cada día de mi vida
tal y como lo he pasado,
incluso esos días donde casi
clavo una estaca en mi brazo,
porque prefería dormir la eternidad
que volver a ver salir el sol
y no saber hacia dónde caminar.
Con el tiempo aprendí que él no cura nada,
que debes hacerte médico de tu alma,
nadie va a traer tiritas para tus lesiones,
es necesario desbridar heridas sin anestesia,
sacar la basura,
y todo lo que guardamos con un título de
por si acaso.

Nuestro corazón acumula por naturaleza,
fuerza de voluntad es arrancarle de los brazos
la fotografía de la persona que cree amar,
valentía es asesinarte,
no lo tomes literal.

Con el tiempo aprendí
que si mi piel sanó
¿por qué yo no?

LVI

Mi mayor logro
no fue mi título en medicina general,
fue salir de una crisis de ansiedad
con el cabello intacto.

No fui alguien
cuando me llamaron doctora,
fui alguien cuando volví
a conectarme con mi cuerpo.

No es una proeza
recetar medicamento a un enfermo,
es una proeza que deje de tomarlo.

Fortaleza no es vivir como si nada hubiera pasado.
Fortaleza es quitarme la vergüenza
de volver a llorar lo que creí superado,
es aceptar que una canción
o un poema
no remueven heridas del pasado,

sino que te señalan
lo que nunca cicatrizó.

Gané mi primera batalla
cuando conseguí paz,
sin necesidad de declararme la guerra.

Fui alguien
cuando volví a dar gracias a Dios por existir.

LVII

¿Cuándo mi corazón se convirtió en cementerio?

Hice uno de esos tantos viajes anuales al interior,
ya saben,
para ver cómo van los rascacielos
y los derrumbes,
para hacer cuentas de cuánto debo
y cuánto ya pagué.

Me pongo la bata, los guantes y —una vez más—
el papel de cirujana de rosas y espinas.

No recordaba todos estos ataúdes,
ni las cruces de madera plagadas de polillas.
Están los muertos olvidados
donde el velador, por pena, ha puesto una valla
para que no lo usen de corredor.
Los muertos con flores secas
como en su tiempo fueron sus palabras.
Están aquellos con lirios diarios
que cantan el mero arrepentimiento

(el mío para con ellos).
Los que tienen pequeñas casitas con velas
que no les alumbrarán nada.
Luz simbólica
por si despiertan.
Pero los más llamativos, son estos,
los que los adornan mansiones
con ventanas que nunca podrán abrir,
asientos donde nadie se sentará,
fotografías que nadie verá,
candeleros que nadie prenderá;
por poco y traen la cafetera,
digo, casa a fin de cuentas
que ya no la van a habitar.
Todos con nombres,
edades y fechas de nacimiento,
otros cuantos con fecha de expiro
(no todos la han tenido),
pero todos tienen un espacio en esta,
mi tierra convertida en sepulcros,
convertido en llantos ahogados,
los que nunca más haré,
pero que sí escribiré.

Mi corazón se ha vuelto un cementerio,

donde olvido —de golpe—,
donde recuerdo —a veces—,
donde creo que viven —aunque ya no más—,
aunque nadie vuelve.

LVIII

¿A dónde van las lágrimas que no se lloran?

He llorado hacia adentro,
ese acto de tragarse hasta la última lágrima
antes de que la escurridiza salga
y le grite a todos que soy una casa con grietas.

El ciclo del agua, sus nubes
y el océano las reclaman.
—¿A dónde han ido? —preguntan.
—A donde nadie las escuche —respondo.

Me he creído vaso sin fondo,
que puede detener la gotera del techo,
que no llegará la última que lo derrame,
y torpeza la mía no tener protocolo de emergencia
ante inundaciones internas.
Mis dedos no aguantan la presión
de las olas que forman la fuerza de mis entrañas,
tiemblan ante el ruido de las bestias marinas

que nadan en mis torrentes;
mi vientre ya no puede cargar los restos
de los naufragios.
Los niveles del agua tocan mi garganta
y me ahogo con todas las palabras
que nadan entre las olas,
y me explotan las yemas,
me explota la razón.

—*Entre más escribo de lo que me ahoga, más respiro.*

Nefelibata:

[Ne-fe-li- ba-ta]

Soñar despierto.

LIX

Aunque estoy en el espacio,
siento tu pecho contra mi espalda.
Me estás abrazando,
Tal vez...
tal vez pronto despierte.

LX

Un conejo que me entiende.
Un té de manzanilla que sabe a cannabis:
Un frasco pequeño que dice: bébeme
y me hace sentir
que mis problemas son más pequeños.

Un hombre loco que no deja de sonreírme,
insistiendo en que hoy no es mi cumpleaños,
pero de igual manera quiere darme un abrazo.

El aire huele a amapola y a esencia de hierbabuena.
Me la paso pintando las flores blancas de rojas,
por órdenes de una reina
que carga más problemas que yo sobre su cabeza.

Tengo cita a las siete
y no sé cómo voy a explicarle esto al psiquiatra,
dejé el tratamiento hace un mes
porque el conejo me dice que con pastillas
no se entra al país de las maravillas.

¿Cómo le digo que mi vida
es mejor cuando dejo de tomar el medicamento?

LXI

Soy todas las cartas de mis amores heridos
que no llegaron a su destino,
las que ahora viven en un baúl
que le niego a todos que existe.

Soy primavera, verano e invierno
que siempre sabe a otoño.

Soy un nueve de noviembre que ya no vuelve,
las hojas acróbatas que se caen de las ramas,
el aroma a lavanda en un café
con polvos estelares.

Soy la melancolía
que grita letras que no se escriben,
el insomnio que muere de sueño,
dulce y salado al mismo tiempo.

Soy huracán que se convierte en sereno
al tocar tierra,

la flor que nadie sembró,
el miedo que se lanzó por las vías del tren
para vivir.

Soy un girasol que creció entre pupilas,
la voz de mi madre
cantando una canción de cuna
para aliviar un corazón roto.
Soy ese corazón roto.
Un mapa que no lleva a ninguna parte,
que no tiene salida,
pero donde tampoco te pierdes.

Soy una constelación sin nombre,
el asteroide que vuelve cada 2380 años,
las luces misteriosas que no se sabe si son naves,
son estrellas o portales.

Soy un pacto entre el cielo y la tierra,
no soy eterna,
pero estoy en proceso de encontrar la vida.

LXIII

Sabes dónde me duele
y me besas.
Conoces mi punto débil
y lo cubres,
No conozco el amor,
pero debe ser igual a esto.

LXIV

Veintisiete años, cuatro gatos
y papiros sueltos en el mediastino.
Una enfermedad que se me diagnosticó a los trece,
se agravó a los veintiuno
y comenzó a tener cifras elevadas de tinta indeleble
a los veintitrés.

He pasado la fase avión,
barco en naufragio,
impulsos de estupidez
donde quiero lanzarme desde la Luna
y ver, si como felino, caigo de pie.

Síndrome de origami para principiantes,
pierdo la paciencia,
estrujo el papel,
grito que no sirvo,
pero regreso mañana como si nada.

Nivel intermedio,

hago un cisne con una toalla,
que no le importará a ningún amante.

Nivel experto,
aprendo a hacer cartas complejas
con mensajes ocultos en dobleces,
utilizados para escribir lo que no se debe.

Un pronóstico reservado,
malos dramas
y trágicas comedias para los ojos equivocados.

Tengo en el pecho una hoja de papel
que soñaba ser un corazón,
con esquinas carbonizadas,
derrames de café en el centro,
parches de rehabilitación
hechos de recuerdos reciclados.
Un cuerpo de retazos,
un monstruo de laboratorio,
un científico loco que cree que de distintas piezas
se puede formar una Sally que late,
escribe y soporta los borrones apuñados
de garabatos sin sentido
hechos en un episodio de desesperación.

Un experimento fallido
que la gente persigue
con antorchas de fuego porque no es como ellos.

Soy un camuflaje,
una hoja metálica
diciéndole a todos que tiene corazón de acero,
pero si supieran que es más frágil
que un ala de mariposa entre torpes dedos.

Los monstruos también palpitan,
pero este monstruo tenía corazón de papel.

LXV

Soy la misma,
mi piel está intacta,
nada se retuerce en mis entrañas,
pero nadie se da cuenta de que no soy yo,
por dentro me consumo,
desaparecen mis fuerzas,

y olvido mi nombre para intentar recordar el que
todavía no nombro.

Me siento atrapada en un museo.
En el primer cuadro una mujer llora de alegría.
En el segundo una mujer llora de hambre.
En el tercero una mujer vomita hasta el alma.
En el cuarto la misma mujer duerme
con el semblante cansado por no haber hecho nada.
En el quinto la mujer está soñando despierta
que vuelve a bailar sin vértigo.
Un museo con entradas agotadas,
y solo se vendió una,

la de la mujer que encerraron
en el centro para arrancarle la energía
y que los cuadros cobren vida.
Los cuadros se mueven,
gritan y se ríen,
se quejan y se ríen,
suspiran y se ríen,
los cuadros están felices,
aunque lloren,
aunque clamen,
aunque nadie los escuche.

—La mujer encerrada también ríe.

LXVI

A pesar de cómo te he tratado
y las ofensas que te he dicho
sigues aquí conmigo,
no te merezco.

—*A mi cuerpo.*

LXVII

No me importa si la felicidad lleva una camiseta amarilla y le gusta el helado de vainilla, las margaritas y los días soleados, no sé si tiene pecas, es pelirroja o extrovertida, solo quiero vivirla ¿me entiendes? No quiero anotar la hora en que llega, ni preocuparme por la hora en que se va, no necesito metáforas que hablen de su belleza ni de su aroma, no hay palabras para ponértela en las manos, por eso no la describo, pero en cambio, la tristeza, es un paciente complicado, obstinado, indeciso e hipocondriaco, viste de gris porque detesta el negro y el blanco; sonríe mientras llora, desayuna nudos y se le atoran, salta las cuerdas de su garganta, es puntual para las citas y terco para pronunciar un adiós. Le gusta esperar amor de quienes le cierran la puerta y confía en los que dicen «te juro que no lo vuelvo a hacer».

Es por eso por lo que escribo, porque no lo comprendo y lo necesito, es un visitante inesperado experto en abrir candados, sacarlo es como empujar a una orca con las manos. Tal vez al nombrarlo, al estudiarlo, al descubrir de dónde viene y qué lo provoca, qué lo trae de vuelta y qué es lo que detesta, de qué se alimenta y que lo intoxica, pueda yo hacer algo, así que aquí estoy, entendiendo por qué llegó.

LXVIII

Perdonar me está doliendo, pero
¿cuál cirugía mayor
te mantiene sonriendo en la recuperación?
No quiero justificar a nadie,
solo quiero dejar de llevarlos en mi espalda,
sacarme sus espinas de mis vértebras
y así caminar ligera.
Sé que no estoy exenta de lastimar,
no voy a excusarme,
todos herimos,
aunque no todos reconocemos,
y aunque nunca lo hagan,
los suelto,
decido seguir,
decido vivir,
no soy sus insultos,
no soy sus juicios,
no soy lo que mi hicieron,
arranco su etiqueta de mi frente,

borro sus títulos
y me llamo por mi nombre.

—Voy a estar bien.

LXIX

Mi juguete favorito eran los legos,
construía casas,
me imaginaba que me hacía pequeñita
y entraba en ellas,
hacía voces
y fingía que tenía una familia.

A veces, construía castillos,
me ponía flores en la cabeza
y actuaba como princesa,
no movía las manos de forma delicada
ni me sentaba cruzada de piernas,
sino que me preocupaba por el pueblo,
levantaba banderas de paz antes de la guerra
y hacía planes para salvarnos del invierno.

Levantaba torres,
rascacielos,
granjas sin forma,
habitaciones para dos,
tenía tanta habilidad con las manos,

como vacío tenía el corazón,
como las ansias de amor.

Un día construí una casita de legos,
un sueño lejano,
una ilusión infantil
y también un día
apreté los puños
y construí mi hogar,
no tengo muchos muebles,
a veces los recibos de los servicios
me queman las pestañas,
hay una fruta y una jarra en la nevera,
pero nadie grita,
nadie me ofende,
no me abrazan,
pero tampoco me golpean,
le subo el volumen a la música para bailar
y no para que nadie me escuche...

Nunca quise tener hijos,
pero compré una mesita de niños para el jardín...
tal vez cambie de opinión.

—*Independencia*

LXX

No soy el mejor hogar,
sin embargo,
has decidido habitarme,
cuánta humildad hay en ti
por escoger el desierto
cuando tenías el paraíso.

Perdón por el tiradero,
no esperaba visitas,
permíteme escombrar,
recogeré los cristales,
no sea que te cortes.

Trituraré algunas historias,
no sea que te asustes.
Pintaré los muros de colores pastel
y sembraré algunas flores.

¿Qué te gusta?
Supongo que los girasoles.

Hablaré con el Sol
para que los engendre esta noche
y nazcan al amanecer.

No le temas al invierno,
mi vientre siempre está tibio,
ahogaré los aullidos de los lobos
con las canciones
que mis latidos
y el correr de mi sangre
compondrán para ti.

¿Te apetece un cuento?
Comenzaré con el de la sirena
que se llamaba Nunca
y su primera palabra fue: «siempre».

Te prometo:
no hay monstruos bajo la cama,
y estoy con el arco y la flecha
cazando a los de mi cabeza.

—pero pasa, hay galletas en la mesa

LXXI

Te lo juro,
con el corazón roto se puede caminar.

Desperté.

Dicen que trabajes
por lo que realmente quieres,
y, a partir de ahora,
me hago responsable
de la vida que continua.

Si tú no me hubieras ayudado,
muy pronto habría perdido la vida;
pero te llamé al sentir que me caía,
y tú, con mucho amor, me sostuviste.
En medio de mis angustias y grandes preocupaciones,
tú me diste consuelo y alegría.

Salmos 94: 17-29

Made in the USA
Las Vegas, NV
24 August 2023